CONSIDÉRATIONS

POLITIQUES ET RELIGIEUSES

SUR

LES ÉLECTIONS

DE 1830.

PAR L'ABBÉ

L.-E. Émile d'Aulteroche.

PARIS,

IMPRIMERIE DE STAHL, QUAI DES AUGUSTINS, N° 9.

1830.

CONSIDÉRATIONS

POLITIQUES ET RELIGIEUSES

SUR LES ÉLECTIONS DE 1830.

JAMAIS, à aucune autre époque, le sort et les inté_rêts de la religion n'ont été liés plus intimément à ceux de la royauté, et jamais, depuis la restauration, ces intérêts n'ont été exposés à des dangers plus grands et plus imminents.

De cette situation résulte, pour tous les bons Français, pour tous les vrais catholiques, l'obligation de réunir leurs efforts et de concourir chacun, selon ses forces et ses moyens, à la défense de l'autel et du trône : ces motifs me font suspendre pour un moment mes études ecclésiastiques, et me ramènent encore une fois dans l'arène politique.

Lorsque, dans les premiers mois de 1828, je montrais la révolution en hostilité ouverte contre le Roi, la Charte et la Religion; lorsque je signalais ses attentats et ses manœuvres, et que je témoignais la juste appréhension que devaient imprimer des projets qui n'ont heureusement reçu qu'un commencement d'exécution , ces craintes purent paraître exagérées ou chimériques.

Mais n'est-il pas aujourd'hui entièrement démontré que le parti de l'opposition ne veut plus ni de nos institutions, ni de la dynastie, ni du catholicisme : pendant deux ans il a marché à grands pas à l'exécution de ses funestes projets; encore quelque temps , et ses espérances allaient devenir pour la France une triste réalité.

Il touchait au moment du triomphe, lorsque la royauté, se réveillant, l'a regardé en face et l'a fait pâlir : son effroi n'a pas duré. Il ne lui restait qu'un dernier pas à faire, et aussitôt il s'est remis en marche.

Arracher au Roi le droit de nommer ses ministres, voilà le but de toutes ses intrigues; cette conquête est pour lui celle de la toison d'or; s'il échoue, tous ses plans sont renversés, tous ses projets détruits: s'il réussit, il est à jamais en possession du pouvoir; mais lui suffira-t-il d'un succès dans l'épreuve électorale qui se prépare pour compromettre sans retour les destinées des fils de saint Louis et du royaume très-chrétien ?

Louis XVIII, en nous donnant des institutions où le développement du pouvoir démocratique n'est point en proportion avec celui de l'aristocratie et de la royauté, a rendu inévitable la crise où nous sommes arrivés. Un pouvoir toujours agissant devait nécessairement maîtriser des pouvoirs stationnaires; toutefois en transportant l'action démocratique dans les classes élevées, il a rendu toute insurrection populaire impossible, et a fourni à la royauté les moyens de rétablir sans secousses l'équilibre représentatif.

Cet équilibre est aujourd'hui entièrement rompu; c'est un fait dont l'évidence frappe tous les yeux depuis qu'une des Chambres a osé refuser son concours; c'est au pouvoir constituant de le rétablir, il y va de son salut et de la tranquillité de la France.

Si, comme en Angleterre, le peuple était appelé à concourir directement au mouvement parlementaire, les partis pourraient avec raison fonder une espérance sur l'opinion du peuple, sur la volonté du peuple, sur l'appui du peuple : comme chez nos voisins, on verrait ce peuple former des rassemblemens, vociférer dans les places publiques, et venir se ranger autour des trétaux d'un harangueur dont ils pourraient plus tard appuyer les discours les armes à la main. Mais en France, ce peuple, duquel on nous menace sans cesse, ne veut rien, ne peut rien, n'est compté pour rien, est sans intérêt dans les débats politiques, et par conséquent sans opinion : ce n'est pas qu'on ne veuille bien lui en former une avec le secours des journaux; peut-être n'est-ce que pour lui apprendre à les lire que le parti libéral montre tant d'empressement à propager dans les campagnes l'instruction primaire. La *Gazette des Cultes* est si édifiante!

Ce calme et cette indifférence du peuple en général, et surtout de celui de Paris, font notre sécurité pour

le présent et l'avenir ; la monarchie n'ayant à combattre que des intrigans et des ambitieux, ne peut
périr que par sa faute et sa faiblesse.

Dans cette situation, qu'a-t-on à craindre du progrès des idées libérales? qu'importe qu'elles soient
partagées par quelques enrichis, par certains com-
merçans et une partie des jeunes gens des écoles, si
elles sont repoussées par la masse de la nation ?

Les acquéreurs de biens nationaux croyaient avoir,
pour les soutenir, des motifs d'intérêt. Que d'inquiétudes n'a-t-on'pas cherché à leur inspirer? La parole
d'un Bourbon, les garanties de la Charte, étaien.
des promesses mensongères des mots vides de senst
Une loi d'indemnité est venue dissiper toutes les
craintes et a forcé les ennemis de la royauté à abandonner un champ de bataille sur lequel ils avaient
fait d'importantes conquêtes. Les effets des opinions
politiques cessent ordinairement avec les causes qui
les ont fait naître. Aussi les libéraux ont-ils vu chaque jour diminuer dans cette classe le nombre de
leurs partisans.

La France est, dit-on, folle d'égalité : cette vérité
est surtout incontestable, appliquée aux gens du
commerce. Comment des hommes obligés, par état,
d'user envers tout le monde de manières prévenantes
et obséquieuses, de procédés presque toujours serviles, ne chercheraient-ils pas à se dédommager de
leur dépendance habituelle par un esprit d'indépen-
dance ? Ils seront libéraux, rien de mieux ; jusqu'à

ce que leurs écus les forcent à devenir royalistes, et l'époque de ce changement ne me paraît pas fort éloignée.

La jeunesse vit d'espérances, et, dans la capitale, cette pature ne lui manquera pas, tant que les jacobins croiront avoir besoin de son appui. A la suite d'un grand bouleversement politique, les ambitions s'irritent et se déplacent ; chacun s'agite pour sortir de son état, s'élever au-dessus de sa condition et agrandir la sphère de sa position sociale. Le spectacle des grandes fortunes et des hautes dignités acquises subitement par suite des fréquentes modifications subies par le gouvernement, est un aliment continuel à la fermentation des esprits et à l'exaltation des têtes ardentes : c'est ainsi que s'entretient, parmi cette jeunesse qui se presse en foule à l'entrée de toutes les carrières, cet amour des changemens et ce désir des révolutions qui peuvent augmenter les chances d'avancement. Franche et crédule, qu'il est facile de la séduire avec des théories brillantes, et par la perpective d'un avenir fantastique de gloire, de bonheur et de liberté.

Comment de jeunes étudians flattés, circonvenus par les vieux apôtres de la république et de ses horreurs, par les serviles partisans de l'empire et de son despotisme, par tous les organes de ces nouveaux doctrinaires néologistes, qui croient qu'à certaines époques les révolutions se font encore avec des mots, se forment, pour le jour prochain du combat, une jeune milice qu'ils remplissent, du haut de leurs chaires, de fanatisme et d'erreur; comment, dis-je, ces jeunes gens sans expérience ne tomberaient-ils pas dans tous les piéges qui leur sont tendus? Faut-il s'étonner qu'ils promettent d'obéir aveuglément à leurs maîtres; qu'ils boivent à longs traits à la suite des orgies qui leur ont troublé la raison, *à la résistance légale, au sacré devoir de l'insurrection?* En vérité, si les vieux fous sont plus fous que les jeunes, que dire des vieux ambitieux?

Pères de familles, envoyez vos enfans à Paris; vous ne craignez pour eux que le jeu, la débauche et le libertinage; mais les caresses et les séductions de quelques vieillards ci-devant patriotes, sont devenues pour vous un nouveau sujet d'inquiétudes et d'alarmes. Si quelques journées devenaient nécessaires au triomphe de ces tribuns endurcis, le sang ne serait pas épargné; ils sont accoutumés à le voir couler sans émotion, et l'on ne saurait trop en verser, à leur avis, pour la sainte cause de............ leur ambition.

Les opinions révolutionnaires ne sont que partielles, factices et en très-petite minorité.

Les opinions réelles d'une nation se fondent sur des intérêts, et non sur des mots. Toutes les manœuvres des intrigans, tous les sophismes des folliculaires ne sauraient lui faire illusion, ni fausser son jugement, encore moins changer son esprit. On voit l'impression que produisent, sur le plus grand nombre, les doléances furibondes des libéraux, criant depuis dix mois, de toute la force de leurs poumons, au despotisme des prêtres et à l'asservissement de la nation; et cela, lorsque chacun dispose d'une manière absolue de sa personne et de ses biens; lorsque les charges sont partagées avec une entière égalité; lorsque les fonctions publiques sont accessibles pour toutes les classes; lorsque tous les droits sont respectés et toutes les obligations remplies ; lorsqu'enfin on jouit seulement en France depuis le retour de ces Bourbons, pour lesquels il est peut-être encore *quelques hommes à répugnances*, de toute la somme des libertés auxquelles on peut raisonnablement prétendre dans un état civilisé.

Les partis (et bientôt on pourra dire les coteries) auront beau s'agiter, la masse restera calme, indifférente, sans s'occuper des chances que peut offrir à telles ou telles ambitions le ministère Villèle, Martignac, Polignac, etc., etc.; qu'on en juge par ce qui est arrivé lors de la création du ministère du 8 août. Le comité directeur, ému jusqu'au fond des entrailles par un événement si imprévu, et qui l'arrêtait en si beau chemin; emboucha toutes les trompettes de la renommée; chacun de ses organes se mit à prophétiser des malheurs. Malheureux Roi! malheureuse France! Mais leur voix s'est perdue dans le désert; le canon d'alarme, les appels à la révolte n'ont pas été entendus. On a eu beau crier, dans les brochures, *Feu partout, ou le ministère Polignac*, le feu n'a pris

nulle part, excepté depuis un mois dans la Norman-
die, et l'on saura plus tard qui l'a allumé.

Il faut convenir que l'esprit d'insurrection ne suit
pas le progrès des lumières. Dans le bon temps on
se souvient s'il fallait tant de frais et tant d'efforts
pour insurger des faubourgs. Messieurs les révolutionnaires font une bien triste épreuve de leur impuissance. Après avoir répété sans cesse qu'ils sont
les organes de l'opinion de la France, que leurs principes sont partagés par trente millions de Français,
qu'il est cruel d'être méconnu et de voir ainsi détruire ses plus belles illusions! S'avouer vaincu est le
dernier degré de la défaite : ils sont assez bons tacti-
ciens pour mettre encore cet échec à profit. Ne se
sont-ils pas avisés de préconiser le calme qui les dé-
sespère, et de représenter comme une attitude digne,
voire même menaçante, celle d'un pays impassible
qui a toute confiance en son Roi; d'un pays qui se
souvient que c'est par ces mêmes révolutionnaires
qu'il a été désolé pendant trente ans.

Qu'ils appellent opinion publique, opinion géné-
rale, celle de quelques milliers d'électeurs et de
gens riches, qui vont tous les matins dans les salons
ou les cafés chercher un aliment pour la conversa-
tion du jour; alors je pourrai les comprendre. Là,
sans doute, surtout à l'approche des élections, il y a
de l'effervescence. Mais la chaleur et l'emportement
de ces hommes de bonne compagnie, et de ces hon-
nêtes industriels, n'ira jamais de la violence des pa-

roles à celle des actions. Ils sont trop faibles pour un coup de tête, et trop bien élevés pour un coup de main. Une scène de boxeurs n'obtiendrait en France que l'honneur des sifflets.

Le mouvement et l'action politiques sont placés trop haut dans la hiérarchie sociale, pour qu'il redescende et puisse se communiquer à la classe qui a la force. Entièrement étrangère à la lutte des parties, elle voit le combat avec indifférence, et s'enquiert à peine des résultats. Un orateur politique, fût-il un Benjamin ou un La Fayette, qui essaierait à Paris (car partout ailleurs on le prendrait pour un fou) de haranguer la populace, se verrait bientôt délaissé par la foule à l'aspect d'un jongleur ou d'un charlatan.

Défendez vos priviléges, MM. les Electeurs, usez en potentats de votre souveraineté d'un jour; mais ne comptez pas sur l'appui des masses, elles ont donné leur démission. Faites de bons, faites de mauvais choix, que lui importe ? elle sait qu'il appartient au Roi d'en faire justice, et de prendre les mesures nécessaires pour le bonheur d'un peuple qui a toute confiance en son autorité.

Mettez-vous donc en frais d'intrigues et de banquets pour assurer la nomination d'une Chambre libérale : le Roi la cassera.

Mais, direz-vous, il faudra bien, en définitive que pour être perçu, l'impôt soit voté. Oui, il sera perçu, sans s'écarter de ce que vous appelez les voies légales;

et surtout sans contrainte. J'en fournirai la preuve un peu plus loin.

Avec le système électoral qui nous régit, il est, pour le gouvernement un moyen sûr et légitime de combattre, dans les colléges électoraux, l'influence de cette démocratie essentiellement révolutionnaire: c'est de disposer, d'une manière absolue, du vote de ses agens. Il en a le droit, et déjà même on cesse de le lui contester.

Secondé par cette armée de fonctionnaires qui couvre la France, il n'est pas de ministère qui ne puisse, sans supercherie, à quelqu'époque que ce soit, imprimer aux élections une direction royaliste. Mais il faut une volonté ferme et inébranlable, et, pour cela, lier si intimement le sort de cette milice électorale à celui du gouvernement, qu'elle ne puisse, sous un autre régime, avoir aucun espoir de salut. Mais son esprit a été trop souvent perverti pour qu'on puisse, aux prochaines élections, compter sur un concours bien franc, sur une participation bien active; il faut s'attendre à de l'hésitation.

Accoutumés à voir le gouvernement dans la Chambre des députés (gouvernement dont une majorité capricieuse et variable règle le mouvement et la marche), le grand art des premiers fonctionnaires a été, jusqu'à ce jour, de donner à leurs démarches une tendance équivoque, et un double sens à l'expression de leurs opinions. Les subalternes ont suivi cet exemple. S'il faut en croire les documens qui me

parviennent , il est des départemens où le nombre
des fonctionnaires publics qui annoncent l'intention
de voter pour le candidat libéral, s'élève, dans chaque arrondissement, jusqu'à vingt. Peut-on se flatter
qu'ils renonceront entièrement à cette vieille tactique,
lorsqu'ils osent ouvertement faire de l'opposition? Il
faudrait pour cela qu'ils fussent bien convaincus de
la stabilité et de la durée du ministère. Cette convic-
tion, ils pourront l'acquérir, si l'on en vient, après de
mauvais choix , à une nouvelle élection. Compre-
nant alors qu'il est dans leurs devoirs, comme dans
leurs intérêts, de faire tous leurs efforts pour la défense de la royauté; ils combattront à outrance, et le
succès est assuré; d'autant plus assuré, qu'ils auront
pour appui tous les royalistes, et que le libéralisme,
qui n'est puissant que par l'intrigue, perdant en grande
partie ce moyen d'influence, n'aura pour soutenir
son crédit que le mérite de ses œuvres. Or, ce libéralisme qui promettait à la France tant de bonheur, tant
de prospérité; qu'a-t-il fait du pouvoir? Qu'est-il arrivé sous son règne? Avons-nous été plus libres et
plus riches? Les sources de la prospérité publique
sont-elles devenues plus abondantes? Il y avait long-
temps qu'on avait reconnu que les écus étaient royalistes; et on vient d'acquérir la certitude que le premier effet d'un système libéral était de détruire la
confiance. Aussi a-t-on vu pendant dix-huit mois le
crédit s'altérer, les entreprises industrielles demeurer
en suspens, et l'activité du commerce se ralentir. On

a nommé des commissions pour rechercher la cause de cette détresse et de ce malaise universel ; ces investigations n'ont fait qu'augmenter le mal et multiplier les embarras.

Obligé d'avancer dans la voie des tyrannies légales, pour préparer les esprits à un changement de religion. Les attaques contre la religion sont devenues plus directes et plus vives ; les catholiques ont été inquiétés ; des sermens ont été exigés ; le système de diffamation contre les prêtres s'est poursuivi avec un nouvel acharnement; l'existence de tous les corps religieux a été successivement mise en question ; et si un seul a été sacrifié, c'est que la révolution n'a pas eu le temps d'assouvir toutes ses vengeancs. Si jamais le pouvoir est remis entre ses mains; ils n'échapperont pas à la proscription, ces bons missionnaires dont les prédications l'ont tant alarmée, et ont si puissamment contribué à la régénération religieuse de la France; elle ne pardonnera pas à ces pieux sulpiciens de préparer, par de fortes études, la milice sacerdotale à combatre ses erreurs et ses sophismes. Elle ne se bornera point à diriger contre les évêques la polémique de ses jouruaux. Que ces nouveaux apôtres s'attendent encore une fois à revoir, avec leurs prêtres, la terre de l'exil. Ce seront de justes rigueurs, des mesures salutaires exigées pour la tranquilité du pays qui veut être débarrassé du parti prêtre. On y mettra toutes les formes; l'ordre légal n'en souffrira pas.

Détruire, inquiéter, voilà donc la mission du libéralisme. Faire le bien n'est ni dans sa nature ni dans sa destination. Il ne sait pas même, avec toutes les ressources de l'opulence, et les plus belles intentions philantropiques, soulager les misères humaines. Il ouvre, à des frais énormes, un asile à l'indigence, et les pauvres le fuient comme une prison. C'est par la voie de la rigueur et de la contrainte qu'il exerce dans un degré inconnu de saint Vincent-de-Paul sa douce charité. Il ne sait qu'humilier les malheureux, en les soulageant, et il s'étonne de voir repousser ses secours.

Mais c'est surtout en politique et en administration que cet esprit destructeur s'est montré dans toute sa nudité. Pour entrer dans ces belles vues d'amélioration, il était indispensable, comme aux premiers jours de la révolution, de faire table rase, et de reconstruire sur un nouveau plan toutes les lois fondamentales. Il fallait réformer la Charte, l'administration, l'armée, la marine, les suisses, la garde royale, la maison du roi : tout était entaché d'illégalité. Le torrent se débordait chaque jour, et allait entraîner dans l'abîme toutes nos institutions, lorsqu'on entendit avec surprise, dans la Chambre des députés, une voix libérale s'écrier : *Mais nous courons à l'anarchie !* Ce cri de détresse parvint aux oreilles du Roi, frappa son esprit, et dès ce moment fut résolu le changement du ministère.

Au 8 août, des cris de rage annoncèrent à la nation

que le pouvoir venait d'être enlevé au comité directeur.
La fureur du parti éclata dans les pamphlets et les journaux. Une opposition sans exemple fut dirigée contre
les nouveaux ministres. Ce ne fut point leurs actes
qu'on attaqua, mais leurs personnes qu'on calomnia.
Les diatribes dégoûtantes ne pouvaient avoir qu'un
succès éphémère ; aussi cette presse, qu'on avait jusqu'alors cru toute puissante, vit bientôt émousser ses
armes et user son crédit. En France on a trop de dé-
licatesse et de goût pour ne pas se lasser de l'aliment
de l'injure et de la calomnie reproduits pendant huit
mois sous toutes les formes et toutes les couleurs. On
peut donc dire de l'opposition comme de l'adresse,
qu'elle a été une maladresse. Le système de la peur
ne peut être employé long-temps avec succès, lorsque tout cet étalage phantasmagorique de terreur ne
repose sur aucun fait, et se trouve démenti par l'expérience.

Que les royalistes expriment des craintes sur les
projets de leurs ennemis; ils ont pour les établir,
l'exemple récent des faits et gestes de 93. Mais que
les mêmes hommes qui, au 20 mars, ont trahi les
Bourbons et proscrit Louis XVIII et sa Charte, qui
ont ridigé les nouvelles constitutions de l'empire,
soient précisément ceux qui ne cessent de nous entretenir de leur amour pour la Charte, et de la crainte
qu'ils ont de la perdre ou d'en voir altérer les principes ; que ces alarmes mensongères soient le fonde-
ment de leur polémique, le grand levier du parti, et

presque son unique cheval de bataille, il serait difficile de concevoir une plus grande hypocrisie. Mais
qui espèrent-ils tromper par ces pitoyables manœuvres? Qui ne sait que ce masque monarchique couvre la figure sanguinaire d'un républicain, et l'ame
avilie d'un sbire.

Tels sont cependant les hommes qui, à la tête du
comité directeur, vont diriger les prochaines élections et chercher à paralyser les effets de la proclama-
tion de la couronne. Ceux qui pensent que le nom
du Roi n'est pas parlementaire à la Chambre, nous
diront sans doute qu'il n'est pas Français dans les
élections.

La volonté ferme et inébranlable de Charles X est
pour les royalistes un puissant motif d'encouragement
et de confiance. C'est par leur accord qu'ils doivent
seconder ses intentions. Qu'ils soient unis, et ils ne
doivent pas douter du succès. Ils n'ont sans doute pas
oublié qu'aux élections de 1827, s'ils furent vaincus,
c'est parce qu'ils se divisèrent. Que toutes les nuances
d'opinions se rallient et fassent, au salut de la monarchie, le sacrifice de quelques légères antipathies ;
et les libéraux seront vaincus à leur tour.

Oui, les électeurs royalistes en haine du ministère
Villèle, nommèrent ces députés de la défection qui,
pendant deux ans, décida de la majorité. Presque
tous ces mandataires félons ont passé dans les rangs
des ennemis de la royauté : c'est par des hommes dé-
voués qu'il faut les remplacer. L'intérêt de la religion,

le salut de la monarchie, font à tous les bons Français, indépendamment de leur sûreté personnelle, un devoir de réunir leurs forces et de concerter leurs efforts.

Je ne reviendrai pas sur les moyens d'atteindre un heureux résultat, moyens si souvent indiqués par les organes de la royauté. Les royalistes ne sauraient mieux faire, pour toutes les mesures préparatoires, que de suivre l'exemple des libéraux qui, avant l'épreuve décisive, comptent les voix. Si la majorité ne leur est pas acquise, et que la présence des électeurs malades ou éloignés puissent la leur assurer, ils ne manquent pas de mettre sur toutes les routes leurs voitures et leurs chevaux en campagne, pour ramener leurs électeurs impotens et retardataires. Jusqu'à ce jour, les hommes monarchiques ont-ils fait preuve d'un zèle et d'un désintéressement semblable?

Si, malgré tous les efforts des royalistes, il arrive que les intrigues libérales triomphent encore une fois, soit à défaut d'un concours suffisant de la part des fonctionnaires, qui regardent en général comme provisoire et précaire l'existence du ministère, soit par suite de toutes les manœuvres et les tracasseries qu'il est facile de prévoir, et qui déjà se passent sous nos yeux, les élections faites dans un esprit révolutionnaire, il ne reste au Roi, s'il veut sauver la France, d'autre alternative que de casser encore la Chambre et convoquer de nouveau les colléges, ou de faire usage de cet article 14, véritable tête de Méduse pour la révolution. Dans le premier cas, des mesures énergiques bien combinées, une réfonte administrative réglée sur les besoins du temps, et sagement exécutée, doubleraient les forces de la royauté, dont l'influence n'est paralysée que par l'expérience qu'on a faite de sa facilité à abandonner ses prérogatives. Mais dès qu'on aura acquis la certitude qu'elle est bien déterminée à les défendre et à user de son autorité, le gouvernement reprendra dans l'opinion la prépondérance que donne la force et la fixité, et retrouvera dans toutes les classes ce concours et cet appui qui ne manquent jamais au pouvoir, quand il est ferme.

Je suis intimement convaincu qu'à cette seconde élection les électeurs libéraux, découragés par l'inutilité d'une première épreuve et par la fermeté du Roi, renonceraient à leurs intrigues et seraient en minorité dans tous les colléges; tandis que les royalistes, bien franchement secondés par l'administration, obtiendraient une immense majorité. Si, contre toute probabilité, il en arrivait autrement, il faudrait bien enfin recourir aux dernières voies de salut que présente la Charte.

Peut-être serait-il important, pour l'avenir de la monarchie, que cette épreuve fût faite incessamment; les circonstances ne seront jamais plus favorables : avec une armée dévouée, une population paisible, il n'y aurait aucun danger à courir.

Si, lorsqu'on a à sa disposition, pour sortir d'une position difficile, des moyens ordinaires dont on connaît l'effet et la portée, il n'était pas contre les règles de la prudence de recourir à des procédés inconnus, et par conséquent hasardeux, je me sentirais porté à faire des vœux pour que la royauté fût amenée, dès à présent, au point d'avoir à user de tous ses droits et de toutes ses prérogatives. Tant que la source de la souveraineté ne sera pas reconnue, que l'autorité restera flottante, que les limites et l'étendue des pouvoirs parlementaires ne seront pas invariablement déterminés ; tant que le *nec plus ultrà* des partis n'aura pas été écrit en caractères ineffaçables, il n'est point de gouvernement possible. Le Roi, ce sera la chambre démocratique ; le ministère, ce sera une commission administrative au choix, et par conséquent à la dévotion des représentans du peuple.

Voilà donc toute la question : les ministres seront-ils les agens responsables du Roi ou des colléges électoraux ?

Dans tous les gouvernemens où l'action populaire se fait sentir, il arrive nécessairement des époques où les partis rendent impuissante, et même dangereuse, l'action des lois. C'est alors que la dictature, ou tout autre autorité équivalente, était regardée dans toutes les républiques comme une institution indispensable. Pourquoi veut-on que les gouvernemens représentatifs, qui sont dans une situation analogue, n'aient pas dans les temps difficiles une semblable sauve-garde ? N'est-ce pas dans ce sens, et pour ce cas qu'a été rédigé l'article 14 de la Charte et faudrait-il regarder l'application qu'on en ferait comme un coup d'état, ou comme le développement naturel de nos institutions?

Si le pacte fondamental, en attribuant à la royauté le droit et le pouvoir de faire les réglemens nécessaires à la sûreté de l'Etat, avait fixé les limites de ce droit et réglé l'étendue de ce pouvoir, le Roi serait obligé de se renfermer dans les termes rigoureux des dispositions écrites. Mais comme il ne peut s'établir de controverse que sur le sens absolu qu'il faut donner à l'article 14, et sur l'application qu'on peut en faire, je demanderai à qui doit en appartenir l'interprétation? Ce n'est point aux Chambres, puisqu'une semblable attribution constituerait l'exercice de la souveraineté.

Dans l'ordre politique, comme dans l'ordre mécanique, c'est de l'organisation que résulte le mouvement. Or, dès qu'un des ressorts destinés à perpétuer l'action vient à ralentir ou à précipiter sa marche, qui peut et qui doit la régler et l'entretenir? N'est-ce pas celui qui est l'inventeur de la machine qui connaît le jeu de toutes les pièces, et les moyens de le rendre régulier? Oui, la royauté a seule le droit de décider s'il y a, ou non, lieu de faire des réglemens pour la sûreté de l'Etat, et de leur donner l'extension commandée par les circonstances. Toute ré-résistance fondée sur une opinion contraire serait inconstitutionnelle. Le salut de l'Etat dans tous les temps et dans tous les pays, voilà la suprême loi; et cette loi c'est au souverain de l'appliquer.

Toutes les corporations, quelles qu'elles soient, aspirent à s'élever et à étendre le cercle de leurs prérogatives : c'est ce qu'on appelle esprit de corps. Si, dans sa marche ascendante, cette ambition ne rencontrait aucun obstacle, elle deviendrait bientôt tyrannique. Tel est le danger dont nous sommes menacés en ce moment par le corps de la démocratie.

Tout système représentatif ne peut se maintenir que par la balance des pouvoirs. Si ces pouvoirs étaient constitués de manière à servir l'un à l'autre de contre-poids, l'aristocratie et la démocratie étant les pouvoirs agissans, la royauté le pouvoir régulateur, il suffirait à celle-ci, dans toutes les situations possibles, d'un simple mouvement de bascule pour rétablir l'accord et l'harmonie. Tel était le système de Louis XVIII.

Mais s'il est vrai que les élémens de notre représentation ne soient pas en équilibre, que les deux pouvoirs parlementaires soient loin d'être dans une égale proportion de force et d'influence, il est évident que l'action du pouvoir royal ne peut plus se borner à modérer alternativement l'un par l'autre. Et, dès-lors, il devient indispensable que la royauté lutte corps à corps contre le pouvoir dominant, et, tôt ou tard, elle devait être amenée par la révolution à cette fâcheuse extrémité. Cette lutte vient d'être ouvertement engagée; les conséquences sont faciles à prédire.

Si le Roi succombe, il perd sa couronne; s'il résiste (car la résistance suffit pour vaincre), il assure à jamais le triomphe de sa dynastie, et sa fermeté sera pour ses successeurs un antécédent et un exemple à suivre, s'il arrivait jamais que la même situation vînt à se représenter. Que la démocratie éprouve un échec, elle ne perd rien de ses forces réelles; vaincue sur un terrain, elle se présentera sur un autre et poursuivra son système d'envahissement jusqu'au jour, où, perdant tout espoir de dominer, elle sera forcée de se borner à une opposition de principes vraiment utile pour éclairer le gouvernement et l'empêcher de faire des fautes.

Dans l'intérêt de nos formes constitutionnelles, il est nécessaire que les partis, quels qu'ils soient, apprennent à reconnaître au-dessus d'eux une autorité qui les comprime, et sauve la France de leur tyrannie; autorité qu'ils ne pourraient méconnaître et dominer sans ruiner les bases de notre système représentatif. Qu'ils soient entre les mains du Roi des instrumens du gouvernement, voilà leur destination; mais s'il arrivait qu'au lieu de recevoir l'impulsion ils vinssent à l'imprimer, la Charte, dès cette époque, cesserait d'exister.

Libéraux, royalistes, il est urgent qu'une grande leçon vous soit donnée. Si jamais vous osez aspirer à la souveraineté, si vous parvenez à vous emparer des avenues du pouvoir, apprenez que le Roi a le droit, en tout état de choses, de rentrer pour un temps dans l'exercice plein et entier de son autorité ; afin d'arracher des mains des factieux, quels qu'ils soient, les armes qu'il a confiées pour la défense de l'Etat, et non pour la ruine de nos institutions.

Supposons donc que le Roi, privé par une opposition systématique du concours des Chambres, voulût suspendre (et dans cette hypothèse il est une foule de combinaisons possibles) pour six mois, un an, deux ans, etc., la marche ordinaire et l'action régulière du gouvernement représentatif ; qu'il déclarât que les impôts votés à la dernière session, seraient perçus sur le même pied et d'après les mêmes bases, pendant tout le temps de la prorogation, sauf à rendre compte de leur emploi à la prochaine réunion des Chambres, et que d'ailleurs il ne serait en rien dérogé à l'entière exécution des lois existantes ; qui aurait le pouvoir ou le droit de refuser obéissance à un réglement fait en vertu de l'article 14 de la Charte ?

Ce pouvoir, les libéraux se l'attribuent. Oui, disent-ils, si le Roi ne cède pas, s'il ne se soumet pas à la décision souveraine et en dernier ressort des colléges électoraux, on se révoltera !

Mais encore une fois, où sont les élémens de la révolte, les leviers d'insurrection. Pour soulever les masses, il faut qu'elles souffrent depuis long-temps, qu'elles aient à se plaindre de quelque injustice criante ; qu'à ces justes motifs d'aigreur de mécontentement et de fermentation, on ait à leur offrir avec l'assurance d'une prompte réparation, des avantages présens et des intérêts matériels : mais on ne les met pas en mouvement avec des espérances éloignées et de fausses alarmes, surtout lorsqu'elles jouissent déjà de cette aisance et de ce calme qui font le bonheur et sont le résultat instantanée de cette liberté qu'on leur promet et dont elles n'ont jamais usé plus amplement.

Ce sera donc aux soixante mille électeurs libéraux à lever pour la défense de leurs priviléges, l'étendard de la rébellion, et à mettre en œuvre le sacré principe de l'insurrection ; car eux seuls ont de véritables prérogatives aristocratiques à défendre, et des pouvoirs démocratiques à conserver. Mais cette levée de boucliers serait plus que ridicule. Nos nouveaux seigneurs suzerains, vrais Don Quichottes électoraux, savent trop bien que par eux-mêmes ils ne peuvent rien, et par leurs clients très-peu de chose. L'électeur libéral, qu'il soit marchand, manufacturier ou propriétaire, ne peut pas même compter pour un coup de main, sur ses commis, ses ouvriers ou ses colons. La classe du peuple est en général arrivée à ce degré d'aisance qui la rend entièrement indépendante de ceux qui se disent ses patrons.

Le parti libéral n'attend pas des secours plus efficaces de la part de la jeunesse pensante des écoles. Malgré toute son exaltation et son effervescence, entretenue par les promesses fallacieuses des vieux siccaires qui la flattent, il voit bien qu'elle est trop

éclairée pour se courber sous le joug d'une obéissance aveugle, et servir de marche-pied à quelques
ambitieux voltigeurs de la révolution.

Armer à Paris ces bons libéraux dont chaque jour
un article du *Constitutionnel* ou du *Globe* fait l'opinion, voilà donc le beau idéal de tous les projets de
la révolution, et le but auquel elle ne saurait tendre
avec trop de persévérance et de force. S'il elle parve-
nait à le faire exécuter, avec la licence de la presse,
l'asservissement des colléges électoraux, elle ne serait plus réduite à opposer cette résistance passive
qu'elle appelle légale, elle pourrait ouvertement ex-
primer sa répugnance pour la religion, la dynastie
et la Charte. Alors une Chambre factieuse procla-
merait ses volontés, et une milice prétorienne vien-
drait, sans attendre l'occasion d'une revue, jusques
dans la cour des Tuileries, sommer le Roi d'obéir au
vœu de la nation; et de ce jour daterait l'ère d'une
nouvelle république.

Voilà dans qu'elles vues toutes les pétitions et tous
les journaux ne cessent de réclamer la réorganisation
de cette garde nationale, dont le concours n'est pas,
que je sache, exigé par la Charte. Encore si la France
était menacée d'une invasion (je ne dis pas d'incen-
diaires), on pourrait concevoir la nécessité d'assu-
jétir les paisibles habitans des campagnes et des ci-
tés, aux exigences d'un service militaire. Mais au
moment du calme le plus profond, de la sécurité
la plus parfaite, proposer avec candeur, d'imposer,

sans aucune apparence d'utilité de nouvelles charges,
et les pénibles obligations d'un soldat, à des industriels dont le temps si précieux peut être employé
bien plus utilement dans les fabriques et les comp-
toirs que dans les corps-de-garde, c'est ne plus
prendre la peine de cacher l'intention coupable d'armer, comme aux jours de la terreur (et pour cela
tous les moyens sont bons), ce peuple, dont on veut
se faire un appui, et c'est, de plus, supposer le gouvernement ou bien aveugle ou bien inconsidéré; à
moins que cette proposition, si souvent renouvelée,
ne soit qu'une simple galanterie faite au vétéran de la
révolution qui, d'heureuse mémoire, foula aux pieds
la couronne des lys, alla dormir pendant les massa-
cres, et se fit, à son réveil, escorter avec la tête des
victimes.

Jusqu'au rétablissement de la garde nationale, s'il
y a des insurrections, ce sera probablement dans les
cafés et les estaminets : mais ces mouvemens sont peu
dangereux et peu contagieux. Les belliqueux habi-
tués de ces réunions sont forts pour la harangue
et les résolutions; mais dès qu'il faut agir, et comme
on le dit vulgairement, payer de sa personne, le
cœur leur manque et leur effervescence se calme.
Tous ces ardens libéraux ont pour la plupart une
honnête aisance, et compromettre une existence as-
surée, pour défendre des opinions, des eutopies et
des systèmes, ce serait faire tort aux lumières du
siècle. Décider du sort de l'état, un journal à la main,

rien de mieux; mais en fixer les destinées en courant des dangers, ce n'est pas leur affaire, ils connaissent trop bien les devoirs du citoyen paisible.

Encore s'il était possible de se procurer, comme au bon temps, avec de l'argent, ces recrues hideuses d'hommes couverts de haillons, qui ne sortaient de leur faubourg que dans un jour d'action, et qui allaient, pour la modique pièce de cent sous, à ce qu'ils appelaient *la crise*. Mais depuis qu'on a pris la fâcheuse habitude de faire marcher contre ces rassemblemens des soldats qui répondent à des coups de pierre par des coups de sabre; le prix des journées s'est tellement accru, que les caisses du comité directeur et des banquiers libéraux n'y sauraient suffire. Il est vrai que les émeutes sont souvent des opérations de bourse; mais faut-il encore conserver la chance de retirer de son argent au moins l'intérêt légal, et tout récemment cette spéculation n'a pas réussi.

Si l'insurrection n'est plus aujourd'hui qu'en théorie le plus saint des devoirs; reste à examiner le droit et la possibilité d'une résistance passive à l'acquittement des charges publiques.

On ne paiera pas l'impôt!!! Voilà le grand argument, l'argument irrésistible du libéralisme; c'est là le dernier retranchement de sa place de défense, retranchement inexpugnable qu'on ne peut forcer sans anéantir la Charte et sans exercer des violences dont les suites seraient d'autant plus dangereuses, qu'on est

assuré de rencontrer dans chaque contribuable la ré-
solution, le dévouement et l'opiniâtreté d'un Hampden.

Qui n'est pas aujourd'hui entièrement convaincu
que les associations avaient été formées par les libéraux, plutôt dans l'intention de faire le dénombre-
ment ostensible de leurs forces, qu'en vue d'une résistance éventuelle? Cette épreuve a été loin de rem-
plir le but et l'attente des agens du parti : ils ont ainsi
acquis la preuve certaine de leur faiblesse et de leur
minorité. Le résultat de cette nouvelle fédération ,
dont les membres devaient se compter par millions ,
et enlacer la France entière, ne doit laisser aucun
doute au gouvernement sur l'impuissance des ennemis qu'il a à combattre, et la forfanterie de leurs me-
naces.

Toute société a besoin d'un gouvernement pour
l'établir; il faut de l'argent. Sûreté des personnes,
inviolabilité des propriétés, voilà le but de tout pacte
social. C'est en échange de ces deux avantages que
chaque membre consent à acquitter régulièrement
certaines charges. Telle est l'origine de l'impôt.

Peut-on raisonnablement soutenir que la taxe une
fois déterminée, il est dans le droit de chacun d'en
réfuser l'acquittement, dès qu'il juge, dans sa sa-
gesse que les conditions du pacte fondamental ne sont
pas fidèlement remplies? Admettre une telle maxime
ce serait consacrer en principe le désordre et l'anarchie, ce serait rendre impossible l'action de tout gouvernement quel qu'il fut.

Je veux toutefois accorder que chaque individu peut légitimement refuser d'acquitter l'impôt, que les tribunaux n'ont pas le droit de le condamner, et la force publique celui de le contraindre.

S'il est vrai que l'impôt soit, entre le gouvernement et chaque membre de la société, un échange de sûreté contre de l'argent, et la condition d'un contrat qui oblige l'un à donner des fonds, l'autre à prêter main-forte; il s'en suit que quiconque refuse l'impôt n'a plus droit à aucune protection de la part de l'autorité. En cessant de contribuer aux charges, comment pourrait-il prétendre à continuer de prendre part aux avantages de l'association? Ne serait-il pas absurde de dire que le soldat doit verser son sang pour celui qui ne veut pas concourir à payer sa nourriture et sa solde? que le juge doit prononcer des arrêts en faveur de l'homme qui refuse de partager les frais qu'exige l'administration de la justice? etc., etc.

D'après ces considérations, s'il arrivait que *l'impôt fût refusé* (et nous savons déjà que dans toute la France le nombre des opposans peut s'élever jusqu'à trois mille), pourquoi le gouvernement n'userait-il pas d'un droit qu'on ne saurait lui contester? Pourquoi n'opposerait-il pas à une résistance passive cette même force d'inertie?

Pour assurer l'acquittement des charges, a-t-il besoin du secours des tribunaux, du ministère des sergents? Ne suffirait-il pas qu'il fît annoncer, avec toutes les précautions que commandent la justice et la prudence, et dans la forme la plus officielle et la plus authentique, que certains contribuables, dont les noms seraient exactement désignés, ayant refusé formellement, depuis trois, six ou dix mois (selon le terme fatal déterminé), de payer l'impôt, cessent d'être placés, ainsi que toutes leurs propriétés, sous la protection des lois et la sauve-garde du gouvernement? Et quel est l'homme qui voudrait, de gaîté de cœur, s'exposer aux dangers d'un semblable refus? Ce serait, dira-t-on, une véritable proscription, puisque, dès ce moment, les délits de toute nature commis contre les personnes désignées ne donneraient lieu à aucunes poursuites judiciaires, et qu'on pourrait impunément les voler et les battre. Mais cette proscription, qui l'aurait provoquée? Elle semblerait d'autant moins injuste, qu'étant entièrement facultative et volontaire on ne pourrait se plaindre de l'application d'une peine encourue de propos délibéré. Vous pouvez donc ne pas payer l'impôt, mais non forcer le gouvernement à vous protéger; c'est bien alors qu'il serait prudent de s'associer, pour éloigner les voleurs de ses propriétés et se préserver des attaques des malfaiteurs.....

Mais où nous conduit la conséquence de ce qu'on appelle droit absolu, appliqué dans toute sa rigueur? Faudra-t-il encore, pour l'honneur d'un principe, ébranler la société jusque dans ses fondemens?

Voilà ce système tant vanté de résistance passive, tombant en ruine devant ce simple dilemme : ou il

faut payer l'impôt, ou il faut avoir la force de se protéger soi-même. Le refus de l'impôt, l'*ultima ratio*,
du parti, n'est donc qu'un ridicule épouvantail.

Nota. L'étendue des réflexions politiques me force
d'ajourner les considérations religieuses.

FIN.